Dear Reader,

We're excited to introduce you to this wonderful book about mammals, part of our Beginnings collection.

Scientific curiosity begins in childhood. Exposure to animals and their environments—whether in nature or in a book—is often at the root of a child's interest in science. Young Jane Goodall loved to observe the wildlife near her home, a passion that inspired her groundbreaking chimpanzee research. Charles Turner, pioneering entomologist, spent hours reading about ants and other insects in the pages of his father's books. Marine biologist, author, and conservationist Rachel Carson began writing stories about squirrels when she was eight. Spark curiosity in a child and watch them develop a lifelong enthusiasm for learning.

These beautifully illustrated, information-packed titles introduce youngsters to the fascinating world of animals, and, by extension, to themselves. They encourage children to make real-world connections that sharpen their analytical skills and give them a head start in STEM (science, technology, engineering, and math). Reading these titles together inspires children to think about how each species matures, what they need to survive, and what their communities look like—whether pride, flock, or family.

More than a simple scientific introduction, these animal stories illustrate and explore caring love across the mammal class. Showing children this type of attachment in the natural world fosters empathy, kindness, and compassion in both their interpersonal and interspecies interactions.

An easy choice for the home, library, or classroom, our Beginnings collection has something to spark or sustain budding curiosity in any child.

Enjoy!

Dia

Dia L. Michels
Publisher, Platypus Media

P.S. Our supplemental learning materials enable adults to support young readers in their quest for knowledge. Check them out, free of charge, at PlatypusMedia.com.

Babies Nurse

Así se alimentan los bebés

By Phoebe Fox

Illustrations by Jim Fox

Line drawings by Wesley Davies

Platypus Media
Washington, D.C.

Filly nurses
in fresh air,
drinking milk
from mama mare.

La potrilla,
al aire libre disfrutando,
de leche materna
se está alimentando.

5

Tigers nurse
for all they need,
nosing mama
while they feed.

Con su hocico
a su mamá palpando
los tigrillos
se están alimentando.

6

Monkey nurses
on a limb,
mother's arms
protecting him.

Con los brazos
de su madre protegiéndolo,
en una rama
el monito está comiendo.

Seal pup nurses
on the beach,
mama stays
within her reach.

La foca en la playa
está vigilando,
mientras que su cría
se está alimentando.

Zebra nurses
in soft light,
under stripes
of black and white.

A la sombra de rayas
de dos colores
se alimenta la cebra
de mis amores.

Puppies nurse,
a golden heap,
snuggled up,
they fall asleep.

Cachorros en montón
alimentados,
a su mamá
se duermen arrimados.

Panda nurses
on the ground,
mother's warmth
and love abound.

La mamá panda,
llena de ternura,
a su cría alimenta con
mucha dulzura.

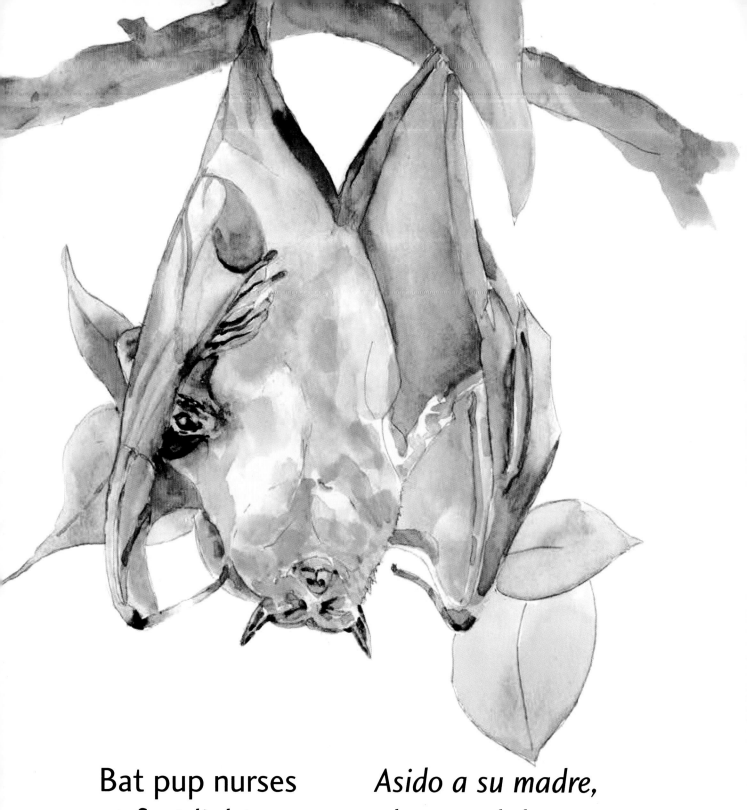

Bat pup nurses
at first light,
latched to mama,
holding tight.

Asido a su madre,
al rayar el día,
el bebé murciélago
quiere su comida.

Polar cubs nurse
in the snow,
mother's milk will
help them grow.

Junto a mamá osa,
muy pegaditos,
en la fría nieve,
comen los ositos.

Kittens nurse
and gently purr,
nestled in
their mama's fur.

*Los gatitos comen,
suavemente ronroneando,
mientras mamá gata los
está abrigando.*

Deer fawn nurses,
unafraid,
mother's watchful
in the glade.

El cervatillo
sin miedo se alimenta,
mientras que su madre
se mantiene alerta.

Dolphin nurses
in the sea,
guarded by
her family.

*El delfín se alimenta
en el mar,
junto a su familia
que lo va a cuidar.*

Baby nurses
heart-to-heart,
mother's gift,
a natural art.

Contra su pecho,
corazón a corazón,
mi madre me alimenta
con adoración.

Answers to breastfeeding questions and breastfeeding support
can be found by visiting the following websites:

Breastfeeding USA
www.breastfeedingusa.org

The World Health Organization
www.who.int/topics/breastfeeding

International Lactation Consultant Association
www.ilca.org

The Lactation Institute
www.lactationinstitute.org

La Leche League International
www.llli.org

A portion of all sales of this book will be donated to La Leche League International.

Babies Nurse • Así se alimentan los bebés
Hardback ISBN 13: 978-1-930775-73-2 • ISBN 10: 1-930775-73-3 | First Edition • June 2018
Paperback ISBN 13: 978-1-930775-72-5 • ISBN 10: 1-930775-72-5 | First Edition • June 2018
eBook ISBN 13: 978-1-930775-74-9 • ISBN 10: 1-930775-74-1 | First Edition • June 2018
Part of the Platypus Media collection, Beginnings
Beginnings logo by Hannah Thelen, © 2018 Platypus Media

Written by Phoebe Fox
Watercolor Illustrations by Jim Fox
Line Drawings by Wesley Davies
Text and Watercolor Illustrations © 2018 Phoebe Fox
Line Drawings © 2018 Platypus Media, LLC

Project Manager: Ellen E. M. Roberts, Where Books Begin, Bethlehem, PA
Senior Editor: Anna Cohen, Washington, D.C.
Research Director: Don E. Wilson, Ph.D., Curator Emeritus, Smithsonian National Museum of Natural History, Washington, D.C.
Animal Research: Anna Cohen and Dia L. Michels, Washington, D.C.
Cover and Book Design: Holly Harper, Blue Bike Communications, Washington, D.C.
Transadapted: Zahydée Gonzalez, Victory Productions, Worcester, MA
Spanish Language Consultant: Edgardo Moctezuma, Latin American Book Source, Inc., Chula Vista, CA
Basketball photograph on page 32, used with permission, Phoenix Suns

Also available in English • First Edition • October 2018
        Hardback ISBN 13: 978-1-930775-61-9 • ISBN 10: 1-930775-61-X
        Paperback ISBN 13: 978-1-930775-71-8 • ISBN 10: 1-930775-71-7
        eBook ISBN 13: 978-1-930775-75-6 • ISBN 10: 1-930775-75-X

Teacher's Guide available, in English and Spanish, at the Educational Resources page of PlatypusMedia.com

Published by: Platypus Media, LLC
                 725 8th Street, SE
                 Washington, D.C. 20003
                 202-546-1674 • Toll-free 1-877-PLATYPS (1-877-752-8977)
                 Info@PlatypusMedia.com • www.PlatypusMedia.com

Distributed to the book trade by:
        National Book Network
        301-459-3366 • Toll-free: 1-800-787-6859
        CustServ@nbnbooks.com • www.NBNbooks.com

Library of Congress Control Number: 2018930937

10 9 8 7 6 5 4 3 2 1

For my mother and my three
nurslings –PF

For Aidan, Jamison, Caleb, Josie,
and Asher –JF

A cherished photo of
the author's mother
nursing her at St. Joseph's
Hospital in Phoenix
shortly after her birth.

*Una atesorada fotografía de la
madre de autora, en la que la está
amamantando en hospital de
St. Joseph en Phoenix, poco
después de su nacimiento.*

*A mi madre y mis tres
lactantes –PF*

*Para Aidan, Jamison, Caleb,
Josie y Asher –JF*

Did You Know?

HORSE BABIES: FOALS

- Horses are *follow mammals*, meaning the young walk soon after birth and follow mom wherever she goes, feeding when they can.

- Foals nurse for three to four months before switching to solid food. Adult horses eat about 16 pounds of hay each day.

- Horses use their mouths only for eating. They breathe through their nostrils, not their mouth. Horses can't vomit or burp.

- Horses gallop at about 27 miles per hour (44 kph). When galloping, all four legs come off the ground at the same time.

TIGER BABIES: CUBS

- Tiger moms usually have three to four cubs in a litter. Cubs drink only mother's milk for their first six to eight weeks and then begin to eat solid food. After six months they learn how to hunt by following mom.

- Tigers are the largest members of the cat family. Unlike their smaller cousins, tigers cannot purr. Instead, big cats roar. No cat can do both.

- All tigers have a unique stripe pattern that helps others identify them. These stripes aren't just on their fur—their skin is striped, too.

- Tigers are excellent climbers, but their long, curved claws can't support their weight on their way down, forcing them to crawl backwards or jump.

¿Sabías?

CABALLOS BEBÉ: POTRILLOS

- *Los caballos son mamíferos que viven en manadas: apenas nacen los pequeños siguen a la mamá donde quiera que esta va, alimentándose cuando pueden.*

- *Los potrillos se amamantan durante tres a cuatro meses antes de cambiar a comida sólida. Los caballos adultos comen alrededor de 16 libras de heno cada día.*

- *Los caballos usan la boca solo para comer. Respiran por la nariz, no por la boca. Los caballos no pueden vomitar o eructar.*

- *Los caballos galopan alrededor de 27 millas por hora (44 kph). Cuando galopan, las cuatro patas se despegan del suelo al mismo tiempo.*

TIGRES BEBÉ: TIGRILLOS

- *La mamá tigre usualmente tiene de tres a cuatro tigrillos en una camada. Los tigrillos beben solamente leche de la madre durante las primeras seis a ocho semanas y luego empiezan a comer comida sólida. Después de seis meses aprenden a cazar siguiendo a la mamá.*

- *Los tigres son los miembros más grandes de la familia de los gatos. A diferencia de sus primos más pequeños, los tigres no pueden ronronear. En cambio, los grandes gatos rugen. Ningún gato puede hacer estas dos cosas.*

- *Todos los tigres tienen un patrón de rayas exclusivo que les ayuda a los demás a identificarlos. Esta rayas no están solamente en el pelaje—la piel también está rayada.*

- *Los tigres son excelentes trepadores, pero sus largas garras son tan curvas que no pueden sostener su propio peso cuando se bajan, obligándolos a arrastrarse de espaldas o saltar.*

MONKEY BABIES: INFANTS

- There are over 250 species of monkeys. They live on every continent except Australia and Antarctica. Different species vary in size, diet, and habits.

- The smallest monkey is the pygmy marmoset, which is only 5 inches (12 cm), about the size of a can of soda. The largest is the mandrill, which can grow to over 3 feet (1 meter).

- Monkeys are very social. They hold hands and groom one another, which helps build relationships and reinforce social structures in their community, or "troop."

- "New World" monkeys, who live mostly in trees, have *prehensile* tails which they can use to hold and grasp objects like a third hand.

MONOS BEBÉ: MONITOS

- *Hay más de 250 especies de monos. Viven en todos los continentes con excepción de Australia y Antártica. Diferentes especies varían de tamaño, dieta, y hábitos.*

- *El mono más pequeño es el marmoset pigmeo, que mide solamente 5 pulgadas (12 cm), más o menos del tamaño de una lata de gaseosa. El más grande es el mandril, que puede crecer hasta más de 3 pies (1 metro).*

- *Los monos son muy sociables. Se agarran de la mano y se acicalan el uno al otro, lo que les ayuda a crear relaciones y refuerzan las estructuras sociales de la comunidad, o "tropa."*

- *Los monos del "Nuevo Mundo", que en su mayoría viven en árboles, tienen colas* prensil *que la pueden usar para agarrar y aferrar objetos como si fuera una tercera mano.*

SEAL BABIES: PUPS

- Seals are semi-aquatic marine mammals, meaning they spend most of their life in water, coming ashore to mate, give birth, breastfeed, molt, and escape predators.

- Pups wean abruptly when their mother returns to the water, leaving them on land to fend for themselves.

- Seals can hold their breath longer than any other mammal. They can even sleep underwater. They do this by resting half their brain at a time.

- The Caspian seal is the smallest species, about the size of an adult human—110 to 190 pounds (86 kg). The Elephant seal, the world's largest, can weigh up to 8,800 pounds (3,991 kg).

FOCAS BEBÉ: CACHORROS

- *Las focas son mamíferos semiacuáticos, esto significa que pasan la mayor parte de su vida en el agua, saliendo a tierra para aparearse, dar a luz, amamantar, mudar la piel y escaparse de los predadores.*

- *Los cachorros se destetan repentinamente cuando sus madres regresan al agua, dejándolos en tierra para que se defiendan por sí solos.*

- *Las focas pueden mantener la respiración por más tiempo que cualquier otro mamífero. Pueden hasta dormir bajo el agua. Lo hacen adormeciendo una mitad del cerebro a la vez.*

- *La foca del Caspio es la especie más pequeña, alrededor del tamaño de un humano adulto—110 a 190 libras (86 kg). La foca elefante marino, la más grande del mundo, puede llegar a pesar hasta 8,800 libras (3,991 kg).*

ZEBRA BABIES: FOALS

- Zebras live in herds for companionship and protection, but a mare will separate from the herd so she can be alone to give birth to her foal.

- Zebras are born with their unique stripe pattern, but at birth their stripes are brown instead of black.

- Within the first hour of life, zebra foals are able to stand up, walk, and even run.

- Foals recognize their mother by her distinctive scent, call, and the striped pattern on her rump and tail.

CEBRAS BEBÉ: POTRILLOS

- *Las cebras viven en manadas para acompañarse y protegerse, pero la yegua se separa de la manada para dar luz a su potrillo a solas.*

- *Las cebras nacen con su patrón de rayas único, pero cuando nacen sus rayas son de color marrón en lugar de ser negras.*

- *A pocas horas del nacimiento, el potrillo se puede parar solo, caminar y hasta correr.*

- *Los potrillos reconocen a su madre por su distintivo olor, reclamo y patrón rayado en sus ancas y cola.*

DOG BABIES: WHELPS/PUPPIES

- Dogs generally begin labor before dawn, but can take up to 20 hours to birth the entire litter. As labor continues, the firstborns begin to nurse.

- An average litter consists of five to six whelps, though this number varies widely by breed. Weaning occurs naturally around seven weeks of age.

- Humans rely primarily on their vision, but dogs rely on their sense of smell—and wet noses are better at smelling than dry ones.

- Humans keep dogs for companionship, but many dogs also work. Dogs herd farm animals, assist police, help the blind, and more.

PERROS BEBÉ: CACHORROS

- *Las perras empiezan a dar a luz antes del amanecer, pero les puede llevar hasta 20 horas dar a luz a la camada entera. Mientras nacen, el primero en nacer empieza a amamantar.*

- *Una camada promedio consiste de cinco a seis cachorros, aunque esta cantidad varía ampliamente con la raza. El destete ocurre naturalmente alrededor de las siete semanas de edad.*

- *Los humanos confían ante todo en su visión, pero los perros confían en el sentido del olfato—y las narices húmedas son mejores para oler que las narices secas.*

- *Los humanos tienen los perros como compañía, pero muchos perros también trabajan. Los perros arrean animales en las granjas, ayudan a la policía, a los ciegos a ir por las calles y mucho más.*

PANDA BEAR BABIES: CUBS

- Panda cubs are among the smallest baby mammals—newborns are only about the size of a stick of butter. It takes two years to grow to an adult weight of 330 lbs (150 kg).

- Like human toddlers learning to walk, panda cubs are very clumsy. A cub will trip, roll, fall, and stumble as it explores its environment.

- Panda cubs start eating bamboo at around six months old, but mother's milk remains the main source of nutrition for the first year of life.

- It takes a panda only about 40 seconds to peel and eat a shoot of bamboo. Their throats have a protective lining that protects them from splinters.

OSOS PANDA BEBÉ: OSITOS

- Los ositos panda están entre los mamíferos bebé más pequeños—los recién nacidos tienen el tamaño de una barra de mantequilla. Les lleva dos años crecer al peso adulto de 330 lbs (150 kg).

- Los ositos, así como los niños pequeños, son muy torpes aprendiendo a caminar. Un osito se tropieza, rueda, cae y se tambalea mientras explora sus alrededores.

- Los ositos empiezan a comer bambú alrededor de los seis meses de edad, pero la leche materna permanece como la fuente principal de alimentación durante el primer año de vida.

- A un panda le lleva alrededor de 40 segundos pelar y comer un brote de bambú. Su garganta tiene un recubrimiento que los protege de las astillas.

BAT BABIES: PUPS

- Some bat species fight gravity and give birth upside-down. Others hang right-side-up to give birth, catching the pup in her tail membrane, the layer of thin skin between her legs.

- Pups feed from nipples located under their mother's wing. Some bats also have a second set of "pubic teats" lower down the abdomen that pups hold onto during flight.

- While some mammals can glide, bats are the only ones who actually fly. Their wings are similar to human hands, with membrane stretched over long fingers.

- Unlike birds and other flying animals, most bats can't take off from the ground. Instead, they have to drop from height to fly.

MURCIÉLAGOS BEBÉ: CRÍAS

- Algunas especies de murciélagos desafían la gravedad y dan a luz boca abajo. Otros se cuelgan cabeza arriba para dar a luz, atrapando la cría en la membrana de la cola.

- Las crías se alimentan de las tetillas que se encuentran bajo las alas de la madre. Sin embargo, algunos murciélagos tienen un segundo juego de "tetillas púbicas" en la parte inferior del abdomen de las que se mantienen las crías durante el vuelo.

- Mientras que algunos mamíferos pueden planear, los murciélagos son los únicos que pueden volar. Sus alas son similares a las manos humanas, con membranas que se extienden sobre los largos dedos.

- A diferencia de los pájaros y otros animales voladores, la mayoría de los murciélagos no puede levantar vuelo desde el suelo. En cambio, tienen que lanzarse desde lo alto.

POLAR BEAR BABIES: CUBS

- Mother polar bears make dens in the snow where they give birth and care for their newborns. The den traps body heat, keeping the bear family warm.

- While in their winter den, mama bears don't eat, drink, or defecate for up to six months. Female polar bears are some of the longest-fasting mammals.

- Polar bears' black skin that absorbs sunlight, thick fur, and fat help keep them warm in freezing temperatures.

- Polar bears are the largest species of bear on Earth, and, at nearly 10 feet (3 meters) and 1,500 pounds (680 kg), are the world's largest land carnivore.

OSOS POLARES BEBÉ: OSEZNOS

- *Las osas polares madre construyen guaridas en la nieve y allí dan a luz y cuidan a sus oseznos. La guarida guarda el calor corporal manteniendo caliente a la familia de osos.*

- *Mientras está en la guarida invernal, mamá osa no come, bebe, o defeca hasta por seis meses. Las hembras de los osos polares son uno de los mamíferos que se abstienen de comer por más largo tiempo.*

- *Los osos polares tienen un pelaje grueso, grasa y piel negra que absorbe la luz solar ayudándolos a mantenerse calientes en las temperaturas heladas.*

- *Los osos polares son la especie más grande de osos sobre la tierra, y, con un tamaño de cerca de 10 pies (3 metros) y 1,500 libras (680 kg), es el carnívoro terrestre más grande.*

CAT BABIES: KITTENS

- Cats usually have a litter of three to five kittens, which are born blind and deaf. They begin to wean around four weeks of age.

- Most cats sleep 12 to 16 hours a day—by the time a cat is nine years old, it will have been awake for only three years of its life.

- All cats, from the cutest house cat to the wildest tiger, must eat meat to survive.

- Each cat has a unique pattern of bumps and ridges on their nose. Like human fingerprints, no two cats have identical nose-prints.

GATOS BEBÉ: GATITOS

- *Los gatos comúnmente tienen una camada de tres a cinco gatitos, que nacen ciegos y sordos. Empiezan a destetarse alrededor de las cuatro semanas de vida.*

- *La mayoría de los gatos duermen de 12 a 16 horas diarias—a la edad de nueve años, habrá estado despierto tres años de su vida.*

- *Todos los gatos, desde el más adorable gato casero hasta el tigre más salvaje, deben comer carne para sobrevivir.*

- *Cada gato tiene un patrón único de protuberancias y rugosidades en la nariz. Como las huellas digitales de los humanos, no hay dos gatos que tengan huellas nasales idénticas.*

DEER BABIES: FAWNS

- Mother deer keep their fawns hidden in a safe place in the woods and return to nurse them every few hours.

- Deer milk is very high in protein and fat, which sustains the young for the long periods of time they must wait between feedings.

- Fawns have no distinctive smell, which helps hide them from predators. A mother deer will even eat her fawn's droppings to further conceal her baby.

- Deer are the only group of animals with velvet-covered bones, called antlers, on their heads. Every year, these antlers fall out, but soon a new set regrows.

CIERVOS BEBÉ: CERVATILLOS

- *La madre cierva mantiene a sus cervatillos escondidos en un lugar seguro y regresa ahí a amamantarlos cada pocas horas.*

- *La leche de cierva es muy alta en proteína y grasa que sostiene a los cervatillos por los largos períodos de tiempo que deben aguardar entre comidas.*

- *Los cervatillos no tienen un olor distintivo, lo que los ayuda a esconderse de los predadores. La madre cierva llega hasta comerse los excrementos para ocultarlos aún más.*

- *Los ciervos son el único grupo de animales con huesos aterciopelados, que se llaman cuernos, y que se encuentran sobre su cabeza. Cada año, estos cuernos se caen, pero rápidamente un nuevo par vuelve a crecer.*

DOLPHIN BABIES: CALVES

- Dolphins and other whales are the only mammals that are birthed tail-first. This prevents the calves from drowning during birth.

- Calves nurse for only five to ten seconds at a time, day and night. They need to swim to the surface to breathe air between squirts of breastmilk.

- Dolphins are incredibly social. They live, hunt, and play together in groups called pods. "Nanny" dolphins even help mothers birth and tend to the young.

- Dolphins have been known to stop and help injured strangers—including other dolphins, whales, and even humans.

DELFINES BEBÉ: CRÍAS DE DELFÍN

- *Los delfines y otras ballenas son los únicos mamíferos que nacen sacando primero la cola. Esto evita que la cría se ahogue durante el nacimiento.*

- *Las crías de delfín se amamantan solamente de cinco a diez segundos cada vez, durante el día y la noche. Necesitan nadar hasta la superficie para respirar entre cada chisguete de leche materna.*

- *Los delfines son increíblemente sociables. Viven, cazan y juegan juntos en grupos llamados manadas de delfines. Los delfines "Niñeras" ayudan a las madres a dar a luz y a cuidar al recién nacido.*

- *Los delfines son conocidos por detenerse a ayudar a desconocidos que están heridos —tanto a delfines como a otros animales como los seres humanos o las ballenas.*

HUMAN BABIES: INFANTS

- Human babies are the least mature of all mammals at birth and can do very little compared to other newborns. They know how to sleep, make their way to the breast, suck, and cry. They need the warmth of mom's body and are meant to be carried or held almost constantly. Carrying a child close to the body helps ease their transition to the outside world.

- Human babies need to breastfeed very often. A baby human's stomach is about the size of its fist. It is normal for a full-term baby to breastfeed eight to ten times every 24 hours. Small babies need to breastfeed even more frequently.

- During the first two years after birth, a human brain almost doubles in size. To fuel this growth, babies need a constant supply of nutrients. Thankfully, mother's milk is filled with these.

- What's at the end of your arm? For mammals, the options are wings, hooves, paws, flippers, or hands. Having hands gives us the ability to mold, hold, and shape our environment. We can pick up things and make tools. Our four fingers and opposable thumbs allow us to do much more complicated things than almost all other animals.

- Humans are the only land mammal that can be found on every continent on Earth, from the scorching heat of the Sahara Desert to the freezing temperatures of Antarctica. The only other animals that can be found on all seven continents are marine mammals (such as blue whales) who swim from place to place, birds who fly across oceans, and cockroaches.

HUMANOS BEBÉ: NENES

- *Los nenes son los mamíferos menos maduros cuando nacen y pueden hacer muy poco comparados con los otros recién nacidos. Saben cómo dormir, buscar el seno, mamar y llorar. Necesitan el calor del cuerpo materno y necesitan que los carguen o sostengan casi todo el tiempo. Cargar al niño junto al cuerpo ayuda a facilitar su transición al mundo exterior.*

- *Los nenes humanos necesitan ser alimentados muy a menudo. El estómago de un nene tiene aproximadamente el tamaño de su puño. Es normal que un bebe a término se amamante de ocho a diez veces cada 24 horas. Los bebes pequeños necesitan amamantarse aun más frecuentemente.*

- *Durante los primeros dos años después del nacimiento, el cerebro de un ser humano dobla su tamaño. Para alimentar el crecimiento, los nenes necesitan una fuente constante de nutrientes. Afortunadamente la leche materna tiene una gran cantidad de estos.*

- *¿Qué hay en el extremo de los brazos? Para los mamíferos las opciones son alas, cascos, garras, aletas o manos. Tener manos nos de la facultad de moldear, sostener las cosas y dar forma a nuestro entorno. Podemos recoger cosas y hacer herramientas. Nuestros cuatro dedos y nuestro pulgar oponible nos permite hacer cosas mucho más complicadas que casi todos los otros animales.*

- *Los humanos son los únicos mamíferos terrestres que se pueden encontrar en todos los continentes de la Tierra, desde el calor abrasador del desierto del Sahara hasta las temperaturas glaciales de la Antártida. Solamente los otros animales que se pueden encontrar en los siete continentes son los mamíferos marinos (como las ballenas azules) que nadan de un lugar a otro, las aves que vuelan a través de los océanos, y cucarachas.*

BONUS: PETS

- Humans surround themselves with a variety of animals. Many serve a specific purpose: cows make milk, horses provide transportation, and sheep provide wool. Non-human animals have similar close relationships with one another (for example, birds pick off and eat pesky parasites from zebras), but humans also keep animals for companionship. We are the only creatures who keep pets.

- Pets actually help us in a number of ways. Pet owners are healthier, get more exercise, experience less stress and anxiety, and are more socially connected. Plus, early exposure to pets helps reduce the development of allergies and asthma. Pets help us grow a strong immune system, build emotional bonds, and develop empathy.

COMPLEMENTO: MASCOTAS

- *Los humanos se rodean con una variedad de animales. Muchos sirven un propósito específico: Las vacas producen leche, los caballos proporcionan transporte y las ovejas lana. Animales no humanos tienen relaciones simbióticas parecidas entre ellos (por ejemplo los pájaros quitan y comen los parásitos de las cebras), pero los humanos también se quedan con animales inútiles solamente por compañía. Nosotros somos las únicas criaturas que tenemos mascotas.*

- *Las mascotas en realidad nos ayudan de diversas maneras. Los dueños de mascotas son más saludables, hacen más ejercicio, padecen menos de estrés y ansiedad y están mejor conectados socialmente. Además, la posesión temprana de una mascota ayuda a reducir el desarrollo de alergias y del asma. Las mascotas nos ayudan a crecer un sistema inmunitario fuerte, a crear lazos emocionales fuertes y a desarrollar empatía.*

For more animal facts and fun hands-on activities, download the free Teacher's Guide at PlatypusMedia.com.

Para encontrar más actividades prácticas divertidas descargue gratis la Guía del maestro en PlatypusMedia.com.

About the Author and the Illustrator

Elementary school librarian, children's book author, and mother of three, **Phoebe Fox** wrote *Babies Nurse • Así se alimentan los bebés* to show children that all mammals provide milk for their babies. Phoebe sought to emphasize the warmth and beauty of nursing while demonstrating that all mammals share certain approaches to feeding, protecting, and teaching their young. Drawing on her own experiences as a breastfeeding mother, and wanting to present clear and accurate information about this "natural art," she consulted zoologists and pediatricians to put together this deceptively simple introduction. She is also the author of *Starry's Haircut, Starry Gets Lost,* and *Up Up Up* (winner of the 2015 First Edition Children's Book Contest). Phoebe lives in Phoenix, Arizona, with her husband and their three sons. She can be reached at PFox@PlatypusMedia.com.

When it came time to find an illustrator for the book, Phoebe asked her father-in-law, **Jim Fox**, if he would accept the task. Retired from the NBA, where he played for the Phoenix Suns, Jim was himself a recipient of plenty of his own mother's milk and says the benefits are obvious: he is 6' 10", healthy, and has produced wonderful kids and grandkids. The grandfather of five believes that nursing is a child's best start in life. Jim lives in Phoenix with his wife, Mary Alice. He can be reached at JFox@PlatypusMedia.com.

Phoebe Fox

Jim Fox, ca. 1968

Phoebe Fox reads during a school visit.

Jim Fox paints in his studio.

Sobre la autora y el illustrador

Bibliotecaria de una escuela elemental, autora de libros para niños y madre de tres, **Phoebe Fox** escribió Babies Nurse • Así se alimentan los bebés *para mostrarles a los niños que todos los mamíferos alimentan con leche a sus bebés. Phoebe deseó enfatizar la calidez y belleza de la lactancia mientras demostraba que todos los mamíferos comparten ciertas maneras de alimentar, proteger y enseñar a los bebés. Basándose en su propia experiencia como madre que ha amamantado y deseando presentar información clara y precisa acerca de este "arte natural", consultó a zoólogos y pediatras para crear esta introducción engañosamente sencilla. Ella es también la autora de* Starry's Haircut, Starry Gets Lost, *y* Up Up Up *(ganador del concurso First Edition Children's Book del 2015). Phoebe vive en Phoenix, Arizona, con su esposo y sus tres hijos. Se puede contactar en PFox@PlatypusMedia.com.*

Cuando llegó el momento de encontrar un ilustrador para el libro, Phoebe le pidió a su suegro, **Jim Fox**, *si él aceptaría el trabajo. Jubilado del NBA donde jugó para los Phoenix Suns, Jim fue alimentado abundantemente con la leche de su madre y afirma que sus beneficios son obvios: mide 6' 10", es saludable y ha tenido hijos y nietos maravillosos. Abuelo de cinco él cree que la lactancia es lo mejor para iniciar la vida. Jim vive en Phoenix con su esposa, Mary Alice. Se puede contactar en JFox@PlatypusMedia.com.*